그날의 행복 상상

그날의 행복 상상

이재천 21번째 시집

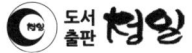

서문(序文)

사랑!

어찌 보면 통속적이고 진부하다고 할 사랑, 그러나 그 사랑이 없다면 인류는 남아나지 못했을 것이다. 시를 읽다 보면 때로는 일반인이 생각하는 세상과는 동떨어진 시어가 쓰이기도 하고 예상을 살짝 빗나가는 느낌도 있을 것이다. 그런 것들이 시의 특성이라 하겠다.

시는 삶의 깊이가 느껴져야 하며 서정의 감미로움을 함께 담아내야 한다. 자연과 사랑을 섬세하게 엮어내는 맛이야말로 읽으면서 시인과 독자의 공감대 형성을 하면서도 교감과 소통이 이루어질 수 있어야 한다.

'행복 짓기' 처럼 인생의 지혜를 담은 시들이 독자님들의 마음에 와닿을 수 있을지 의문이지만 열심히 써 내려가면서도 자신의 창작품에 열정을 갈아 넣었다. 억새꽃, 가을바람 같은 계절의 이미지를 통해 감정을 표현하는 방법도 자연스럽게 녹여낸 서정을 부드러운 향기로 만들기 위함이다.

예술가들의 업적이 훌륭하다 칭송받기도 하지만 그 예술가들의 이면을 들여다보면 우리나 그들이나 모두 같은 사람들! 그들도 사랑하고 우리도 사랑하며 한 생을 산다. 다만 일반인은 잊혀 가지만 예술가들은 아주 오랫동안 회자할 뿐이다.

필자는 글을 쓰지만 가끔은 취미로 그림도 그리고 나무를 깎아 형상을 만들며 목수 흉내도 내 보지만 목공의

멋진 솜씨를 따라가지는 못한다. 카미유 클로델을 기억하는가?

세기의 조각가이며 로댕의 제자이기도 하였지만 로댕의 그늘에 가려 빛을 보지 못했고 나이 많은 로댕을 사랑한 죄로 그의 말로는 처절한 삶을 이어가고 말았다.

사랑을 했으면 끝까지 책임을 지는 것이 신사이다. 아무리 좋은 작품을 만들고 부를 축적 하였어도 자신의 연인을 지켜내지 못한 것은 결코 사내답지 못한 비열한 행동이겠지만 그들도 인간으로서의 욕망을 태우고 갔을 뿐이다. 그렇기에 이 책의 글에서는 사회 비평적 시각도 보여주시니, 시의 스펙트럼이 더욱 넓어졌다고 자평해 본다.

그래서 이번 21집에서는 마음먹고 진부하고 통속적인 글을 써서 엮어보기로 하고 열매를 맺었다. 사랑의 이야기는 시인으로 제일 많은 소재로 사용되기도 하지만 조금만 생각을 짧게 하면 손가락질받기 딱 좋은 화자이기도 하다. 살아가면서 나는 어떤 사랑을 하며 살아왔는지 돌아보는 기회도 되었다.

내가 사랑하고 싶다고 아무나 사랑 할 수 있는 것은 아니지만 나름 진심을 가지고 접근한 것이 내 방식의 사랑이었다. 독자님 여러분들은 어떤 빛깔로 사랑을 하고 계시는지 궁금하기도 하다.

2024년을 보내며
청호의 프롤로그

축사

먼저 제21호 「그날의 행복 상상」 상재(上梓)하게 되심을 진심으로 축하드립니다. 아마도 제20호 「이슬로 여는 아침」을 출간하신 지 얼마 안 되신 것으로 기억이 납니다. 저도 많은 시간을 창작에 할애하면서도 올해 들어서야 이제 겨우 5집을 어찌어찌 꾸렸습니다. 아마도 시를 짓고 시집을 내 본분은 다 아실 겁니다. 누구나 시가 좋아서든 시신이 내렸든 쓸 수는 있습니다. 하지만, 이렇게 활자화하여 독자와 나눈다는 것은 정말 어려운 일입니다.

시간이나 정성도 문제지만 금전적인 문제도 많은 부담이 될 수밖에 없지만, 이렇게 많은 책을 발행하여 나눌 수 있다는 것은 자신보다 시를 사랑하지 않고는 할 수 없는 일입니다. 이재천 선생님께서는 시를 어떻게, 무엇으로 생각하고 계시기에 이리도 천착(穿鑿)하고 계시는 걸까를 생각해봅니다. 그동안의 시를 읽어보면 순수하고 맑은 영혼이 아니면 우려낼 수 없는 이슬 같은 심상을 가지고 계십니다.

옛말에 곡비(哭婢)라는 말이 있습니다. 사전적 용어로 보면 (양반의 장례 때 말을 타고 곡을 하며 행렬의 앞을 가던 계집종) 이렇게 되어있습니다. 이 말은 시란 무엇인가에서부터 발로됩니다. 시란 시인이 보고 느끼는 감정을 독자에게 전해주는 것입니다. 시집발간이라는 것, 시를 짓는다는 것은 시인은 이미 모든 것을 사유하고 체득하여 시인의 것입니다. 그렇기에 이것을 이 아름다운 자연을 대신 읊어내는 것이 시집입니다.

일찍이 옥타비오 파스의 활과 리라에서도 읽은 바와 같이 시인은 시를 써서 시인이 아닌 시인이 되어서 시를 받아적는 것이라는 말이 있듯이 이재천 선생님의 시는 단 한 편도 사변적이지 않다는 것이 시인이어서 시를 받아 적는다는 후자가 정답일 것입니다.

사물의 울분을, 자연의 노래를 들리는 귀만큼 받아적는 시인입니다. 원칙과 방법보다 순수 우리의 삶과 변화하는 자연의 질곡을 노래하는 순수 서정시를 자신이 아닌 누군가를 위하여 읊어주는 것입니다. 이쯤 되고 보니 이재천 선생님은 그 자체가 살아 움직이는 시입니다. 아니 시집입니다.

이번 출간하시는「그날의 행복 상상」은 제목으로도 이미 행복해집니다. 그날은 늘 오늘이 되기도 하고 내일이 되기도 합니다. 그 행복의 상상은 그 상상 자체만으로도 행복해지는 것입니다. 이재천 선생님의 시를 읽으면 늘 영혼이 포동포동 살찌는 느낌이 듭니다. 시는 영혼이 먹고 사는 양식이기 때문입니다. 그 양식을 나눠주심에 감사하며 축하드립니다.

2024년 12월 12일
오영록 배 축사

따뜻한 사랑, 그 서정성

모든 현상의 사물 하나하나는 각각 살아가는 습속이 있습니다. 사람들 역시 살아가는 방식에 여러 가지 개별성이 있습니다.

특히 식물의 여러 현상을 보면 모두가 자신 이외 사물을 향한 모습을 볼 수 있습니다. 나무와 풀 같은 식물들은 흙을 토양으로 딛고 서서 세상을 향해 그들만의 독특한 꽃과 향기로 사랑을 전합니다. 이것은 '개별성' 인 것입니다. 개별성을 통해 사람들의 경우처럼 '사랑' 의 진정성을 나름대로 내보이고 있는 걸 봅니다. 그래요, 세상에 보이는 아름다운 모습은 모두 개별성을 전제로, 사랑을 전하기 위한 몸짓임을 알 수 있습니다.

이번에 이재천 시인은『그날의 행복 상상』이란 21번째 시집을 상재 하였습니다. 이재천 시인께서는 삶의 일부 또는 삶의 전부인 것처럼 즐겁게 시를 쓰며 지내고 있습니다. 이런 작업은 다른 사람들이 좀처럼 흉내 낼 수 없는 이재천 시인만의 창조적인 개별성입니다. 그 내용은 사랑과 행복에 관한 언어의 세레나데입니다. 자연과 사물, 사람에 대한 사랑을 그려나가는 시인의 시적 사랑이 가슴을 훈훈하게 합니다.

시인의 마음에 비쳐진 이미지를 통해 써 놓은 한 편 한 편의 시들은 서정의 파도에 출렁이는 분홍빛 물결입니다.

이번에 내놓은 시집이 21권 째입니다. 시를 쓰지 않으면 못 지낼 것 같은 그의 필연적인 시 쓰기는 다른 시인이 감히 엄두를 못 낼 열정입니다. 이분의 시집에서 시인 자신이 엮어내는 사랑의 이미지들은, 어쩌면 우리 사회에 따뜻한 서정에 흠뻑 젖을 수 있는 큰 재산이 아닌가 봅니다.

오늘날, 단선적이고 급조적인 '현대적 사랑', '1회적인 사랑'에 대해 경각심을 주기도 할 수 있을 듯합니다. 깊은 마음으로 받아들이고 나누어주는 따스한 사랑입니다. 그 서정성의 시집 『그날의 행복 상상』 상재를 다시 한번 큰 박수로 축하드립니다.

이연희
(한국문인협회 강원특별자치도 지회장)

목차

서문_4
축사_8

제1부 천상의 사랑 노래

천상의 사랑 노래_20
사랑 짓기 시선(視線)_21
내 사랑은 오직 너_22
행복한 사람아_23
행복의 길_24
사랑하고 싶은 날_25
어머니 사랑_26
행복하게 활짝 웃으며_27
감정이입_28
가을 앞에 서 있는 그대_29
문(門)_30
그리움 사무치는 날_31
행복 짓기_32
어화둥둥 내 사랑아_33
행복의 날개_34
실수_35
배려_36
널 위하여_37
행복_38
로댕의 비열한 사랑_39

제2부 여운

행복한 날의 연가_42
밤을 태우고 싶다_43
여운_44
앞날에는_45
천생연분_46
끝까지 사랑_47
우리 사랑하자_48
생각나는 사람_49
고운 사람아_50
사랑의 연가_51
꽃샘추위_52
꿀단지_53
내 동생_54
사랑 세레나데_55
사랑 한 사발_56
시간을 거슬러 보니_57
봄 색시_58
봄 이야기_59
고운 꽃 되어_60
비와 한 잔의 봄_61

제3부 그날의 행복 상상

그대 가슴에_64
벚꽃 미인_65
갈증_66
사랑할 것이다_67
그리움이여_68
감성의 밭_69
오후의 긴 그림자_70
그날의 행복 상상_71
사랑꾼_72
사실주의_73
이제는 소용없다_74
마음_75
사랑의 향기도 담자_76
비가 개면 그대가 보고파진다_77
인향(人香)_78
애교_79
인연_80
사랑이라는 말_81
속내_82
사랑_83

제4부 우리의 사랑 이야기

여름날의 소망_86
묵은 사랑도 사랑이다_87
둘이라서 다행이다_88
나의 너_89
행복한 상상_90
황혼의 길목에서_91
천상의 사랑 노래_92
좋은 사람_93
우리의 사랑 이야기_94
서정_95
세월_96
사랑에 빠지다_97
보이지 않는 곳에서도 사랑하리_98
천 리 먼 길_99
산중 문답_100
마음에 담은 정_101
사람과 사람_102
마음에 담는 계절_103
본능_104
고요_105

제5부 사랑 하나 담았네

가을 이슬_108
출렁이는 감성_109
자연스레 눈물 한 방울_110
인향(人香)_111
나의 가을_112
사랑 하나 담았네_113
사랑 꽃 열매 되었네_114
행복의 날개2_115
짝사랑_116
상상이라도 좋아_118
사랑 많이_120
욕망의 깊이_121
이루지 못할 꿈_122
문 여니 그대가 보인다_123
밀당_124
너는 아니라 해도 나는 좋다_125
추억 간직하기_126
아침 명상_127
상실의 계절_128
상사화_129
나에게 주는 말_130
유통기한_132

제6부 짝사랑의 달인

사랑 이야기_136
사람아 내 사람아_137
미쳐간다_138
짝사랑의 달인_139
인생 고개 너머_140
첫눈_141
비현실_142
소소한 행복_143
징검다리_144
꿈_145
그래도 사랑 해야지_146
먼발치_147
진심_148
날마다 오늘_149
고운 시선으로_150
인생 다 그런 거지_151
사랑 한 모금_152
보고 싶다고 말하면_153
내 꽃_154
묵은지처럼_155
소중한 인연_156
그리운 친구야(캐빈 추억을 하며)_157
그리운 사람_158
친구야_159

제1부 천상의 사랑 노래

천상의 사랑 노래
사랑 짓기 시선(視線)
내 사랑은 오직 너
행복한 사람아
행복의 길
사랑하고 싶은 날
어머니 사랑
행복하게 활짝 웃으며
감정이입
가을 앞에 서 있는 그대

문(門)
그리움 사무치는 날
행복 짓기
어화둥둥 내 사랑아
행복의 날개
실수
배려
널 위하여
행복
로댕의 비열한 사랑

천상의 사랑 노래

난 당신의 노래가 좋다
천국을 넘나드는 황홀경의 멜로디

당신의 따스한 체온이 좋다
더 깊은 곳에서의 향기로운 샘물과
둘이 하나 되는 행복한 사랑 노래다

이것이 행복인 것을
아는 이는 다 알지만 모르는 이의 불행
애써 외면하는 이도 있으니 세상은 참 별일이 많다

사랑하라
최선을 다하여 서로에게 충실하라
육체의 연주는 황홀을 넘어선 행복이다.

사랑 짓기 시선(視線)

사랑이라는 이름은
부부 둘만의 행복 파티
공개되면 외설이라 하겠지만
당사자에게는 천상 행복을 짓는 일이다

인간 본연의 3대 욕구 중 그 하나
그럼에도 사회적인 시선은 뒷면으로 밀어 넣고
정작 불 튀는 시간은 그 누구라도 행복 노래 부른다
어찌 욕처럼 불명예스러운 꼬리표를 달아야 할까
사랑이 없다면 인류는 이미 멸망했을 것이다

지극히 자연스럽고 행복한 일이다
누가 뭐라 해도 둘만의 신비로운 껍데기를 깨는 일이다
위선의 입으로 욕하지 말라
그것은 당신들의 질투 어린 마음 때문 아닌가
죄짓는 일 절대 아니다
얄궂은 시선을 거두고 둘만의 성스러운 행사로
사랑 행위는 축복 받아야 할 일이 옳다.

내 사랑은 오직 너

너의 모습에
고뇌는 모두 버리자

오직 우리의 사랑 하나만 만들어
두고두고 꺼내 볼 수 있도록
소중하게 간직하는 우리 둘만의 세상이다

항상 함께해서 고마운 당신
항상 내 곁을 지켜줘서 더 예쁜 당신
우리 세상 다하는 날까지 예쁘게 사랑하자.

행복한 사람아

생각만으로
얼굴이 활짝 밝아온다

설명도 필요 없다
늘 고맙고 사랑스러운 너
우리가 하나라서 행복하지 아니 한가

곱게 웃으며
멋지게 늙어 가자
힘들 땐 서로 토닥이며 예쁘게!

행복의 길

아무 조건 없어
그냥 행복하면 돼
나만 행복을 만드는 거 말고
우리 함께 행복으로 가야 해

거칠게 바람 부는 세상
한 발 옮기는 것이 힘들어도
하나만 생각하며 손잡아줘

우리 목적지는 행복
복잡다난하지 않게
활짝 웃을 수 있으면 되지 않을까
혼자 외롭지 않게 우리 함께
조용조용히 천천히!

사랑하고 싶은 날

간다
아쉬움만 간직하고 내 가을이 떠나간다
바람에 뒹구는 낙엽 따라 마음도 방황하고 있다
떠나는 세월에 묻어가는 청춘이 아쉽지만
중년이 희미하게 바래어지기 전에 사랑해야지
아무리 나이 들어 간다 해도 사랑은 따스하다
사랑 없는 겨울은 더욱 견디기 힘들 테니까
행복을 만들고 살맛을 느낄 수 있는 것은 사랑이다

아무리 힘든 일이 있어도
함께 내 말을 들어주는 이가 있으면 견디기 쉽다
이 시간이 지나면 외투를 꺼내야 할 텐데
텅 빈 마음을 채울 수 있도록 활짝 웃는 마음
홀로 고요에 젖어 있어도 행복한 마음 채우는 것은
사랑할 당신이 있기 때문이리라

마음이 합쳐지면 떨어져 있어도 행복하지만
함께 있어도 외롭다는 것은 동상이몽이기 때문
가슴 가득 채우는 따스함으로 만드는 사랑에
마지막 남은 뜨거운 시간을 채우고 싶다
세상이 한파에 아우성친다 해도
너의 미소 하나면 우리의 중년은 따뜻하리라
우리 마음, 삶에 작은 여백을 만들어 놓고
행복을 채울 수 있도록 가슴을 열어 놓자.

어머니 사랑

자갈밭 일구신 부모님의 등은
눈에 띄게 굽어지더니
이제는 하늘나라 가실 일 머지않다고
환갑 훨씬 지난 아들이 찾아가면
반가움에 웃음 지으시는 노모의 얼굴에는
아이 같은 천진함이 묻어나네

오늘 다녀오면
울 엄마의 내일도 나에게 주어 질까
무심한 세월은 속절없이 내닫는데
조마조마한 가슴 부여잡고
조금만 더 힘내시라 기도드리네

그 바지런하시던 모습
지금은 지팡이에 의지하시어
내딛는 발걸음 힘에 부치셔도
아들 챙겨주신다는 일념에
과일도 깎으시고 먹일 것 챙겨 내놓는
내 엄마 시선에는 아직도 어린 자식
칠 남매 중 제일 좋아하시는 셋째 아들
어찌 어머니의 마음만 하리요.

행복하게 활짝 웃으며

우리들의 인연
좋은 일만 만드소서

스쳐 지나는 인연이 아니라
오래도록 함께 정 나누는
서로의 가슴에 따뜻한 사랑 심어
더욱 훈훈한 세상 되게 하소서

우리는
큰 욕심 만들지 말고
양어깨 가벼운 몸으로 걷는
삶의 멋진 인연이게 하소서

함께 토닥이며
허전한 마음 들 때
두 손 꼬옥 잡아주는 사람 되게 하소서!

감정이입

너도 그렇고
너를 찾지 못하고
나도 어슴푸레 파란 밤을 찢었다

딱히 감정의 변화는 없는데
보이지 않는 허무가 지배해 버려
칠흑 같은 어둠 속을 종횡무진
이럴 땐 네가 곁에 있으면 좋으련만

멀리에서 보일 듯 말 듯
두 팔을 흔들어도 보이지 않는 것은
아마 노안 탓 아니겠는가

걱정 말고 잠들자
내일은 폭염도 외로움도
말끔히 사라져 소슬 바람 일면
우리 홍엽 물든 가슴으로 사랑 하자.

가을 앞에 서 있는 그대

한 줌 햇살에 마음 싸서
사랑스러운 당신에게 드립니다
세상 살기 버거워 힘들어할 때
우리가 버팀목 되어 드리겠습니다

사랑하는 그대
이 가을날 외로워 마소서
조금만 눈을 들어보면
아름답게 웃어주는 사람이 있어
어쩌면 아직 살 만한 세상이니까요.

문(門)

조금
살며시 열린 틈으로
보일 듯 말듯 스치는 공간
그것이 당신 마음이라면 더 활짝 열고 싶소

간이유리 벽 뒤에
실루엣처럼 보이는 것은
내 가슴에 더욱 뜨거운 불을 지피는 것
활활 타오르는 가을 산처럼
그대 마음에도 불을 붙이소서

낡아서 삐걱대는 문밖에
더 삐걱거리며 늙어가는 육신
허허한 마음 채우려는 세월 속에는
오롯이 힘차게 뛰는 심장 소리 만들려오
문 뒤 외롭지 않은 중년의 뜰에 핀 한 송이 꽃.

그리움 사무치는 날

고요한 갈 바람에
모가지 흔드는 하얀 억새꽃
어쩌면 저리도 부드럽게 웃을까

파란 하늘 속에
그려보는 사랑스런 눈동자
사무치는 그리움 속의 추억

가는 줄 모르게
살며시 손 흔드는 가을엔
마음 단단히 먹지 않으면 안 될 터!

행복 짓기

남아일언 중천금
입을 벌려 뱉어낸 한마디
세상 만물 이치가 틀어진다 해도
자신이 한 말은 책임을 져야 한다

입으로 표현키 어렵거든
일필휘지 글을 써서
아름다운 삶의 노래 만들어야지

세상살이 행과 불행은
누가 만들어 주는 것이 아니라
자신의 작은 마음 밭에 짓고 있는 농사
부정보다는 긍정으로 풍년을 만들어 보세.

어화둥둥 내 사랑아

가슴 깊이
찐한 감정으로 복받치던
그리움 조각은 모두 완성 되고
온전한 기쁨으로 쏟아 놓은 만남

둘레길을 걸으면서
도란도란 이야기꽃에
가을이 듬뿍 묻어나는 사랑

이만큼 행복을 지었으니
오늘 밤 꿈에서 또 만나기를
보고 또 봐도 싫지 않은 우리 식구들
당신들이 있어서 매일이 아름답습니다.

행복의 날개

가을빛 눈 웃음
반가운 마음에 나도 활짝 웃으며 두 팔 벌리면
어느새 파란 하늘이 가득 품에 안긴다

초록 물결 고운 얼굴 붉으레
억새꽃 하얗게 피어 가을바람에 살랑살랑 손짓하더라

행복이 따로 있나
우리 함께 멋진 숲에 안겨 두근두근
아름다운 가을과 사랑을 나누니 이것이 행복이다

근심 걱정 모두 내려놓고 웃자
푸른 숲과 맑은 하늘과 살며시 어루만지는 바람과
그리고 제일 멋진 당신만 있으면 그만이다.

실수

속내까지 다 꺼내 놓고
사랑이라는 이름 위에 잘근잘근
달콤한 목소리에 흠뻑 젖어
너의 품에서 헤어나고 싶지 않은 시간

사랑은 혼자서는 할 수 없다더니
저 하늘의 별도 달도 다 따주려 했는데
말고삐를 잘못 잡은 것일까
나르시시즘이 말이 아니네

지키지 못할 약속 하지나 말지
사내의 순정 바람 속에 쑤셔 박아놓고
본인 생각만 속에 갇혀 버린 것은 실수
그래서 내 마음이 만신창이다

그렇게 너의 늪에 빠져
자꾸만 피폐해지는 장단
너무 짧은 사랑 떠나보내기 아쉬운 계절
미련없이 돌아서는 너는 가을 낙엽이구나.

배려

그대 사랑하니까요
바라보는 눈빛이 더욱 부드러워져요

함께 걸은 시간이 길면 길수록
그대 각진 모습 도드라져도
살며시 눈감고 둥글둥글 웃어요

행복하기 위하여
내 욕심 살짝 내려놓고
그대를 위하여 다독이는 거 아시나요
'뭐 그럴 수 있지' 라고

널 위하여

살다 보면
어찌 좋은 일만 있겠니

복잡한 마음 버리고
토닥토닥 널 위한 따뜻한 말 한마디
이 세상에 네가 최고로 아름다워

빈말인 줄 알 테지만
작은 힘이라도 돼 주고 싶어.

행복

겨울바람소리
옷깃 여미는 한설에도
그대와 함께 하는 삶의 이야기는
따뜻하고 상큼한 향기로구나

먼 길을 떠날 때에도
마음속에 담아 놓은 달콤한 이야기
귓전에 소곤소곤 들리는 것 같아
거친 들길이라도 웃음 활짝

로댕의 비열한 사랑

왜
왜 그랬을까

많은 예술작품에
매정한 인정 메마른 작품 뒤에 숨어
사랑이라는 바퀴 없는 수레를 끄는 바람꾼

이름 뒤에 숨겨진 비열함에
젊은 여인의 눈물이 강물 될 즈음
사랑의 끈을 던져버린 사람아

카미유 클로델의 절망을 외면하고
클로델의 작품세계를 휘저은
그의 이름은 오귀스트 로댕 나쁜 사람
불쌍한 까미유는 안타까운 생을 던져버렸다.

제2부 여운

행복한 날의 연가	꽃샘추위
밤을 태우고 싶다	꿀단지
여운	내 동생
앞날에는	사랑 세레나데
천생연분	사랑 한 사발
끝까지 사랑	시간을 거슬러 보니
우리 사랑하자	봄 색시
생각나는 사람	봄 이야기
고운 사람아	고운 꽃 되어
사랑의 연가	비와 한 잔의 봄

행복한 날의 연가

북한강 줄기 따라
행복 싣고 달리다 보면
귓전에 감기는 그대들 웃음소리

보석처럼 반짝이는 윤슬
오후 시간은 쏜살같이 흘러도
도란도란 주고받는 이야기 정겹다

저 멀리서 반짝이는 청평 불빛
사랑이 활짝 피어나고 있는 시간
그곳에도 우리와 같은 이가 있겠지

겨울에 태어난 사람
곁에 있는 아름다운 인연들
사랑하는 아내와 살가운 정작가와 함께!

밤을 태우고 싶다

가슴에 끓어 넘치는 용광로에는
오직 나의 당신 눈길만 녹이고 싶다
아니 풍덩 빠져서 온몸과 영혼이 흐물흐물
녹아내릴 때까지 끓여댈 것이다

아주 작은 솜털마저도
온 신경을 쏟아 놓으면 더욱 뜨거워
목젖을 타고 내 뿜는 열기에 또 한 번 힘을 쏟고
밤새 타들어 가면 채워 넣는 장작이 되고 싶다

사랑은 너무 고고하지 않아야 한다
사랑하는 사람 앞에 부끄러울 게 무엇이랴
체면도 격식도 다 벗어 던지고 오직 너를 위하여
아름다운 지저귐에 긴 밤을 짧게 잘라버린다

오 나의 여인이여
새벽이 어스름 밝을 때까지 이야기 하고 싶다
아침 햇살 밟으며 열정을 되새김질하고 싶다
세상 끝이 어딘지 몰라도 함께 가고 싶다.

여운

날마다 들여다보는 마음 골목에
오늘도 변함없는 그대 그림자
헤적이는 햇볕에 구름 드리워도
나는 오늘이 참 좋습니다

맑은 날 좋은 시간에
질펀히 깔아놓은 그대 마음
꽃을 뿌리지 않아도 올라오는 향기
정말 고마운 당신의 눈길에는
아직도 달콤한 향기가 남았어요

매일 달달한 것은 아니지만
내 안의 복잡한 속내를 살짝 지우고
아름다운 미소만 담을 수 있다면
날마다 당신의 향기에 묻힐 테요
조금만 더 뿌려주오

마음 밭 풍성한 향기에 취하고 싶소
당신의 손끝에 만들어지는 마법
돌아서도 하늘거리는 미소.

앞날에는

어찌어찌 보낸 세월
무지갯빛인 줄 알았었는데
살다 보니 구름도 안개도 자주 끼어
어떤 날은 길이 안 보이더라

짧은 세월을
길게 살았는데도 불구하고
어느새 청춘은 산을 넘어 버렸네

돌담 돌아 돌아
초가지붕 위에 비친 달빛
올망졸망 매달린 하얀 박꽃 몇 송이
내 사랑 활짝 웃는 모습처럼 곱구나

지금까지 걸어온 황량한 들판 길
세상이 발전하여 비단을 깔아 놓았으니
가다가 힘들거들랑 내 등에 업히소
함께한 세월만큼 고이 다독이리다.

천생연분

잘 맞는다
누가 뭐라 해도 우리는 천생연분
얼굴 보는 것만도 행복인데
우리 하나로 합쳐질 때면 천국이 여기인 것을
절대 외설이 아니요 사랑이고 행복이다

가슴 밑바닥에는 항상 사랑 노래가 흐른다
이 시간에 조금은 변태여도 좋다
서로의 노래에 취하면 너만 보이기 때문이다
보고 또 봐도 참 좋은 사랑 노래다

너의 그 사랑스런 노래에 취할 때는
삶의 고뇌는 모두 사라진다
내일 다시 거친 들판에서 비틀비틀 방황할지라도
오늘은 너의 노래만 듣고 싶다
이래서 우리는 천생연분이라.

끝까지 사랑

사랑이라는 말은
힘든 짐을 가볍게 하는 마법이다
서로 행복을 만들어 가다 보면
나이는 들고 있겠지만
모든 삶은 그렇게 살면 되지 않겠나

나이가 들었다 해도
사랑의 달콤한 품에서 꿈꾸고 싶다
비록 지나버린 청춘에
찬 바람 일렁일지라도 말이다
그것이 우리 인생이다.

우리 사랑하자

꽃이 피었네
사철 빛나는 아름다움
꽃에서 풍기는 너의 향기
매일 눈길 준다 해도 행복하리라

활짝 피워
살며시 주는 눈길에 담긴 정
아픈 이 마음 보듬어
그의 열매에서는 단물이 나올 거라지

행복해야 해
봄바람 조금 세다 해도
활짝 핀 꽃잎 흩날리면 안 될 거라고
너의 뒤에는 언제나 은은히 빛나는 맑음

우리 사랑하자
가끔은 폭풍우도 불 테지만
때로는 설한에 고난이 오겠지만
내 품속 피난처에 기대어
고운 미소로 행복하면 좋겠어.

생각나는 사람

칠흑 같은 어둠
작은 별빛마저도 숨어 버리고
지척을 분간할 수 없는 장막
언젠가는 밝아 오겠지

비틀거리던 고난의 시간
오가는 힘마저 잃어버린 버거움에
퉁퉁 부은 세월을 원망해 보기도 하지만
정답은 아득히 먼 실루엣 뿐이다

어둠에 잠겨
아무것도 볼 수 없으니 다행 아닌가
스스로 자책하며 위로 하지만
맑은 날 희망은 가물가물 기억에 없구나

어둠에 절절매고
눈물 콧물 흘리다 보니
작은 불빛 하나 깜빡여 주던
그래 네가 그래도 참 좋았구나.

고운 사람아

여리 여린 새싹으로
어찌 겨울을 뚫고 왔는가

인고의 시간은 길었을 텐데
차곡차곡 쌓아 견딘 날
고통은 향기로 온기가 되었구나

맑은 해와 훈풍에 몸을 내주고
잠자리 날개 같은 옷자락엔
천천히 희망을 퍼담아 피우고 있다

사랑하면 더 곱단다
활짝 웃으면 더 아름답단다
오늘부터는 더욱 화사하게 웃어 보자.

사랑의 연가

긴 터널 끝에서
밝은 햇볕을 만났다
암울하고 긴 고뇌의 길이가 길어도
시간은 역시 우리 편이다

무성한 잡초를 제거하고
깨끗한 마음으로 가다듬는 환경 정리
인생 뭐 있겠는가
살다 보면 음지가 양지로 교차하더라

사랑하는 이여
아픔은 조금만 사랑 가득
당신은 나요 나는 당신
우리 조금씩만 더 행복한 사랑 플러스

꽃샘추위

새색시 오실 날
사뿐사뿐 가벼운 발걸음
벌써 문 앞에 왔다고 생각했는데
마음 비우지 못하는 동장군 불호령

한 겹 벗겨낸 외투 속엔
잠자리 날개옷은 아니어도
봄이라고 활짝 웃던 정오 뒤에
아릿한 겨울 냄새 욱신욱신 몸살이 올라

곱게 와 줄 봄 아씨 아니건만
당신의 고운 모습 할퀴는 찬바람 야속타
뒤돌아보지 말고 뛰어오소서
아지랑이 꽃내음 기다리는 마음속으로!

꿀단지

언제 봐도
아름다운 내 사람
힘들고 괴로울 땐 더욱 생각나는 사람
우리 언제라도 변치 않는 마음
항상 사랑하고 고마운 사람

당신이 있어서
세상 살맛 나는 것을
당신이 내 사람이라서 더 행복한 것을
더 잘해주지 못해서 미안하오
그만큼 더 사랑해야 하오.

내 동생

멀리에 있어도
마음은 늘 곁에 있어

고운 마음으로
곱게 웃어주는 너
더 예쁘고 더 건강하게
세상의 꽃이 되어 주렴

후리지아처럼 향기롭고
큰 나무처럼 튼튼하게
사랑 가득 담은 동생아
네가 있어 세상은 더 아름다워

온실의 화초 보다
거친 세상을 헤쳐갈 수 있는 지혜
풍성한 열매 주렁주렁 맺는 내 동생

사랑 세레나데

곱고 여린 두 손으로
사랑의 하트 만들어 봐요
가슴에 쿵쿵거리는 심장소리
그리운 얼굴 보고 싶어요

해맑은 미소에
심성 고운 당신의 온정
욕심 없는 마음에는 순수의 향기
그래서 더 아름답게 빛나지요

날마다
당신의 웃음소리 듣고
행복한 마음 나누고 싶은 인생
천만번 들어도 좋은 말 사랑합니다.

사랑 한 사발

욕심없이
정갈한 솜씨로
한 상 차림에 호강한다

평범한 일상이
지루할 법도 한데
활짝 웃어주는 모습이 예쁘다

고운 모습으로
넌지시 건네는 시선에
연분홍 꽃향기가 묻어난다

봄나물 무침에
싱그런 미소 가득
말로 하지 않아도 느끼는 그대 사랑

시간을 거슬러 보니

짧지 않은 세월
게으름 피우지 않고
내 삶의 철학대로 달려왔다

시간이 어찌 지나갔는지
무슨 풍경이 어떻게 스쳤는지
기억 속에 들어 있는 것은 가물가물

따끈따끈한 청춘
시간을 잊어서일까
여전히 사랑해도 되는 줄 알았다

어느날 거울 앞에
낯선 모습으로 서있는 중늙은이
어색한 모습으로 바라보는 사내가 있다

지난 세월의 흔적이
덕지덕지 붙은 그를 사랑해야 한다.

봄 색시

임이여
봄을 그리다 밤새웠소
아직도 한 밤인 줄 알았건만
어느새 꽃피고 새싹이 돋아나오

조금은 무섭소
부디 춘몽이 아니기를
꽃향기에 묻혀 뒹굴다 보면
허무한 꿈이 아니기를 두 손 모으오

사랑 달란 소리 않겠소
그냥 아무 짓도 하지 않으려오
성급한 걸음 떼지만 마오
내 곁에서 숨소리만 들려주란 말이외다.

봄 이야기

오늘도 추적추적 봄비가 내려요
힘들었던 시간이 지나면
새로운 희망을 써 내려갑니다

고생했다고 토닥토닥
함께 해서 고맙다고 다독다독
좋은 일만 가득하라고
오늘도 포근하게 손을 잡아줍니다

그대는
봄 마중하는 중입니다
향기로운 꽃내음과
싱그런 바람이 온몸을 감싸네요

걱정은 빗물에 씻어버리고
사랑하는 이와, 좋은 친구와
행복의 문 활짝 열어요
내일은 분명 더 따스할 것이라고!

고운 꽃 되어

햇볕 밝은 날
오늘은 더욱더 더
당신의 미소가 그립습니다
당신의 품이 그립습니다

행복 하나 받아들이면
불행도 섞여 올 테지만
곱게 차려입은 당신만 생각하며
활짝 피어날 향기로운 자태

당신만 뿜을 수 있는 향기는
단 하나뿐인 향기이기에
더욱 그리움을 참을 수 없습니다

곱게 꽃단장 한 당신
성급하게 떠나지는 마옵소서
영원토록 함께는 아니어도
나 살아 있는 동안만이라도
당신을 온전히 내 안에 담겠습니다.

비와 한 잔의 봄

부슬부슬
깊어가는 봄이 내리면
새싹 사이로 스멀거리는 물안개
어느새 가까이 다가와 앉은 나의 봄

하얀 미소
반갑게 두 팔 벌려 끌어안고
당신의 향기에 흐물흐물 녹아내리던 날
그리움은 가슴 속에서 피어오를 뿐입니다

기약 없이 떠나는 것은 순간이요
열정만 뜨거운 호흡으로 거칠게 애무하다
뒤도 보지 않고 사라질 것을 알기에
아주 작은 그리움 조각만 음미하렵니다

오늘처럼
봄비에 젖으면
찻잔에 피어오르는 그리움
애절하게 흐르는 음악에 취하겠습니다.

제3부 그날의 행복 상상

그대 가슴에   이제는 소용없다
벚꽃 미인   마음
갈증   사랑의 향기도 담자
사랑할 것이다   비가 개면 그대가 보고파진다
그리움이여   인향(人香)
감성의 밭   애교
오후의 긴 그림자 인연
그날의 행복 상상 사랑이라는 말
사랑꾼   속내
사실주의   사랑

그대 가슴에

그리움은
가슴에 울려 퍼지는 향기

사랑의 향기는
애절하게 부르는 손짓

사랑하는 이의 모습
생각만으로도 행복입니다

한 걸음 다가서면
뒤로 물러서지 않는 것

사랑의 세레나데로
당신을 노래합니다.

벚꽃 미인

흐드러진 봄
미풍에 흩날리는 꽃비
맑은 햇살처럼 웃음 짓는 너
저물어가는 계절에도 참 곱기만 하다

잡고 싶지만
뿌리치고 가려는 시간 앞에
서운함 뒤로 감추고 보낼 수밖에

내년에 다시 온다는 약속
그 언약이야 변할리 없겠지만
인간사 일이야 어찌 변할 줄 모르니
올 때 오더라도
오늘만은 만리장성 쌓으리라.

갈증

정이 고파서
휴대폰을 들고 꾹꾹꾹꾹
타르르르 울리는 신호음에
묵묵부답이라도 괜찮아

사랑의 갈증에
너의 목소리라도 듣고싶어
번호를 눌렀는데
칙칙한 전자 연결음만 트르르루

여름으로 가는 길목
오후의 열기 대단 하지만
아직은 봄인 거잖아
왜 이렇게 가슴이 허한지 몰라

그냥 연락 해봤어
넘어가는 해를 보며 감성에 젖어!

사랑할 것이다

힘든 계절은 지나고 있다
더디고 답답하지만 오늘의 고난은 밑거름될것이고
가녀린 희망의 등불은 우리가 지킨다

투정 부리고 싶어도
나보다 더 힘든 사람들이 있을 터이니
지금 이 아픔을 꼭꼭 씹어 삼키며
어설픈 정이나마 차곡차곡 다져 가고 있다

높은 벽이 막고 있어도
진실은 감출 수 없고 사라지지도 않는다
그리움 하늘을 찌르고 오르지만
우리는 당신을 하염없이 기다리지만
단단한 희망의 버팀목은 당신이기에 살짝 웃는다

희망 열차 도착 5분 전
당신의 호탕한 웃음소리 귀에 쟁쟁 하니
죽어도 우리는 당신을 기다리고 있다는 것을
짝사랑이 아닌 우리의 진심을 봐주시기를!

그리움이여

차곡차곡 쌓아 놓은
나의 열정은 곰삭아 버리고
철썩이던 가슴에 파도가 잠잠해 지니
세월의 무게만 온몸에 내려앉아
가물거리는 그리움아

팔팔하던 초록
언제부터인지 희끄무레 바래어
봄인지 가을인지 구분도 가지 않지만
깊은 곳에 축적해 놓은 그리움은
예나 지금이나 변함 없어라

이미 날개를 달았어야 할 여정
아직도 지우지 못 한 미련을 놓지 못해
흔들리는 세상의 끈을 잡고 있다만
우리는 사랑을 가슴으로 키웠다

행복의 날은
그대 아름답게 웃어주는 미소
그 안에 나의 모두를 담아 놓았으니
틈틈이 꺼내어 음미해 보시게!

감성의 밭

아침이면
늘 그리운 얼굴
밤새 고요에 젖어 뒤척이다
이른 햇볕에 드리운 이슬처럼
그리움에 흠뻑 젖어 있습니다

먹먹한 마음으로
젖어버린 가슴에 자리 잡은
푸른 추억을 퍼내다가
이내 눈감고 체념해 버리는 것도
그리움에 갇힌 환영(幻影) 때문일까요

맑은 바람과 햇살로 세탁해
파란 하늘에 널어놓으면 마음이 정갈해지려나
오늘을 활짝 핀 모습으로 만듭니다
짙어가는 녹음처럼
버릴 것과 간직할 것을 정리 해 서
청결 하게 욕심 없는 생각만 간직하렵니다

보일듯 말듯 빛을 내는 희망
가녀린 두 손으로 받아
소중한 사랑의 물을 주어 키우다 보면
세상의 큰 빛이 되지 않을까요
그 안에 그리움도 한 조각 양념하겠습니다.

오후의 긴 그림자

파란 하늘에 흰 구름
긴 그림자 만들어질 때면
뭉실뭉실 그리움이 난무한다

늙어간다고 해도
그 누구는 생각이 나는 법
저무는 오후의 햇볕 으로
그대 머무는 골목 어귀에 어슬렁 인다

아련히 떠오르는 미소
눈에 넣어도 아프지 않을 너
그 뒤를 따라다니는 그리움아!

그날의 행복 상상

햇살
와르르 쏟아지면
고운 너의 모습이 더 보고 싶다

우리에게는
늘 봄일 것 같았는데
어느새 여름 곁으로 다가서는가

따가운 볕 깨트리고
시원하게 웃어주는 너의 품
정다운 너를 생각 하니 행복 아닌가

사람 냄새가 좋다
부드럽게 만져주는 손길에
향기로운 사랑 물씬 담는다.

사랑꾼

두 눈에는 너만 보여
이 세상 사람들은 모두 조연
사랑하는 마음은 하늘을 뒤덮는데
너에게 해 줄 수 있는 것은 단 한마디
사랑해
너만을 사랑한다고 해도
아무것도 해줄 게 없어서 미안해
그래서 더 미안해

사실주의

햇살 고운 날
우리 찐득한 사랑 하자
숨 막히도록 분주한 시간은
우리의 일상이 되었나니
조금은 천천히 가도 좋으리라.

이제는 소용없다

한때는 생각만으로
가슴 벌렁거리던
그 시절은 식은 찻잔
우리 분명 사랑했었다

흘러간 시간 주저앉은 청춘
돌이키면 그리움뿐
마음은 지금도 청춘인데
몸이 말을 듣지 않는다

바라봐도 안 보인다
생각만으로는 아쉽다
울어도 후회해도 소용없는
지난 시간 청춘이었다.

마음

내 안에서 방황하는 소리
거칠고 사나운 심성으로 튀어 나갈까
말 못 할 사연은 켜켜이 쌓이고 남아
심장을 지나 온몸으로 팔딱거리는 자아

못난 마음
먹구름으로 색칠 하고 나면
좁디좁은 사나이 가슴속에도
흐느적이는 빗물이 흐를지도 몰라

두고 온 감정 토닥토닥
감추려 해도 감출 수 없는 심장 소리
피 끓는 소리가 들리는가
너를 향한 뜀박질 소리가 들리는가.

사랑의 향기도 담자

갖고 싶은 것
내가 부르고 싶은 노래
끄적끄적 써 내려가는 시 한 마디

무성한 숲을 이룰 때는
내 것이 최고인 줄 알았었다
자만감에 우쭐대며 쉽게 본 세상
모두 부질없다고 세월이 알려주더라

마음 그릇을
너무 채우려 하지 마라
약간의 여백으로 비워 놓고
성숙한 연륜으로 너그러움도 담아 보자.

비가 개면 그대가 보고파진다

열기에 푹푹 찐다
땀인지 눈물인지 힘들어질 때
한 줄기 세찬 비가 씻고 가면 좋으련만

아침 해 떠오르면서
창문 밖 상큼한 바람 소리
사랑스러운 그대의 미소가 생각난다

이마의 땀방울마저도
사랑해 줄 것 같은 그대의 고운 마음
창 넓은 찻집에 단둘이 앉아
가지런한 치아 드러내고 웃어주는
그대가 더욱 보고파진다.

인향(人香)

촉촉한 빗소리
물기 머금은 우리 동네
흙냄새 풀냄새
까르르 웃어주는 사람 냄새

가슴에 만들어놓은
하얀 여백 한쪽에
그리움 몇 자 적어 넣는다

예부터 알던 동무들
소식은 뜸해도 묵은 정 스미고
중년 고개 넘어 일구어가는 인연
아이처럼 깨끗하면 좋겠네.

애교

여보시오 마누라
내가 지금 구질구질하게
양말에 소 눈깔 만 한 구멍 두 개
뒤꿈치에 바람구멍 뚫렸소
이런 걸 신고 다녀야 하는 거요

내가 버린 구멍 난 양말
빨아서 또다시 서랍에 넣으니
침착치 못한 이 남정네 확인 없이 신고 나가
어쩌다 보니 황소 눈보다 더 큰 구멍
이런 양말을 신고 다녀야 하겠소

사실 덜렁거리다 보니
확인 못 하고 신은 내 잘못이지
당신 잘못은 절대 아니라오
그냥 그렇게 애교 한 번 부려본 것이요.

인연

우리
한 가족으로 뭉친 인연
흐트러지지 말아요

서로 다독이며
고운 미소 하나면
그 생각만으로도 행복해요

정이 깊어질수록
함께 가는 길을 축복 하며
늘 초심으로 아름답게!

사랑이라는 말

세상에서 제일 하기 좋은 말
사랑한다는 상투적인 언어임에도
싫지 않은 단어지만
쑥스러운 건 마찬가지

누구일까
사랑한다고 말 해주는 사람
늙어가면서도 듣기 좋은 말
주책없다 소리 좀 들으면 어떠랴.

속내

좋은 마음으로
도란도란 주고받는 이야기
사심 버리고 키워가는 정
고운 얼굴에 향기로운 웃음소리

중년 길은 버거워도
손잡고 가는 세월 향기로울 거라네
엉큼한 남정네 마음 들킬까
슬그머니 밀어 넣고 힐끔거린다오

까치발로 담 넘어 기웃기웃
한 번이라도 더 마주치고 싶은 눈길
어쩌다 눈 마주치면 요동치는 심장
에라 이눔아 그것이 사심인 게여
이런 마음 얼결에라도 좀 봐주구려!

사랑

조건 없이 쏟아 보지만
내 생각으로는 부족 하기만 한 사랑
그래도 마음은 아낌없이 다 내어주니
나의 아가야 부담 없이 받으렴

생색 내지 않고 주고 싶다
네 생각만으로도 두근거리는 심장
늘 아쉬움 가득한데도
더 줄 수 없는 것은 마음 안에다 숨긴다

가랑비에 옷 젖는다고
눈에 보이지 않는 사랑이지만
네 마음 안에 차곡차곡 넣어 두어라
어둠 짙을 때 작은 불빛 되어주마.

제4부 우리의 사랑 이야기

여름날의 소망　　　　　세월
묵은 사랑도 사랑이다　　사랑에 빠지다
둘이라서 다행이다　　　보이지 않는 곳에서도 사랑하리
나의 너　　　　　　　　천 리 먼 길
행복한 상상　　　　　　산중 문답
황혼의 길목에서　　　　마음에 담은 정
천상의 사랑 노래　　　　사람과 사람
좋은 사람　　　　　　　마음에 담는 계절
우리의 사랑 이야기　　　본능
서정　　　　　　　　　고요

여름날의 소망

귀뚜라미 노래가 그립다
한들거리는 코스모스에 입 맞추고
오늘은 달마중 가고 싶다
달빛 속에서 임의 미소를 음미한다.

묵은 사랑도 사랑이다

파란 하늘은
어느새 흰 구름으로 들어가고
기운 빠진 햇볕이 스멀스멀 헤적인다

허공에 흩뿌려진 상념 조각들
주워 담을 기력도 쇠해 버렸지만
기억 끝에 감도는 향기는 사랑이었다

구름에 가려져 있는 하늘
한 때는 찬란한 열기로 세상을 키웠는데
영원할 것 같던 청춘은 어디로 갔는지 없다

고개 들어 하늘을 보라
육신은 늙어가지만
쌓아놓은 탑은 하늘 끝을 향한다
힘에 부쳐도 그저 고마울 뿐이다 고마울 뿐이다.

둘이라서 다행이다

해 질 녘 쓸쓸해지면
산그림자 길게 드리울 때
환하게 웃어주는 모습
수화기 너머
상큼하게 들려오는 너의 목소리

나의 너

보고 싶으면 봐야지
팍팍한 현실에 부대끼더라도
천만년 살 수는 없으니까
가슴이 시키는 대로 행복 만들며 살아야 해

욕정 하나를 말하는 게 아니라
우리들이 살아가는 방식이 그런 것이니
나와 너는 태초부터 하나였다고
지금도 앞으로도 멀어질 수 없는 사이

무덤덤 한척하지만
사실은 그렇지 않더라
너 없으면 이 세상이 끝나는 날이겠지
혼자서는 도저히 살아갈 수 없을 테니까

행복한 상상

우리가 함께 보는 별은
소박한 마음 나눔
저녁나절 가벼운 한 잔 술에
곱게 빚은 웃음 하나 건졌지

그대 기댈 수 있는 넓은 마음
당신을 위한 정갈한 상차림
서로 생각하는 마음만으로도
행복한 울타리에 사랑을 걸었어

사람 사는 거 별거 아니야
함께 잡은 손 좀 더 힘주어 보면
가슴에 우러나는 것은 정
우리 오래도록 행복한 상상만 합시다.

황혼의 길목에서

말하고 싶고
서로 공감하며 보고 싶다면
사랑에 빠지는 건가요

아직 어려서 잘 모르지만
별 것 없는데도
자꾸만 생각나는 사람
그 사람이 바로 당신이거든요

마음으로 말해요
특별하지 않아도 돼요
욕심 없는 마음으로
당신의 행복만을 이야기할 테요

힘들고 지칠 땐
내 어깨에 기대봐요
아프지 말고 힘내보세요.

천상의 사랑 노래

난 당신의 노래가 좋다
천국을 넘나드는 황홀경의 멜로디

당신의 따스한 체온이 좋다
더 깊은 곳에서의 향기로운 샘물과
둘이 하나 되는 행복한 사랑 노래다

이것이 행복인 것을
아는 이는 다 알지만 모르는 이의 불행
애써 외면하는 이도 있으니 세상은 참 별일이 많다

사랑하라
최선을 다하여 서로에게 충실하라
육체의 연주는 황홀을 넘어선 행복이다.

좋은 사람

긴말이 필요 없다
조용히 바라보며 토닥토닥

함께 가는 길에 피어나는 향기
당신과 나의 인연은 참 곱거든.

우리의 사랑 이야기

각박하고
숨 막히는 세상살이
저마다 자신 생각이 옳다고
상대방 가슴을 할퀴고 훑어 낸다

세상 밖으로 한 발도 나가기 싫은데
함께 하는 단 한 사람이 있기에
조심스레 세상 문을 열고 둘러본다

힘들고 고되어도
서로 의지할 수 있는 사람
당신이 있어 얼마나 다행인가

서정

붉은색으로 볶아 대던 폭염
여름 글자 한 가운데 굵고 깊게 박고
어둠 속에서도 지칠 줄 모르는 열, 열기

바닷바람도 어쩌지 못함은
가을빛 곱게 빚는 과정이려니
힘들어도 인내하고 참아 봐야지

검은 먹물 뿌려놓은 물결 사이로
흔들리는 불빛 내려앉아 일렁이면
가슴에 담아 놓은 무지개 꿈 생각나
달려가고 싶은 욕망은 욕심이겠지

가물거리는 해안선 끝에
내 시선 물끄러미 머무는 것을 알까
정겨운 시선을 기억 속에 꺼내렸지만
자꾸만 흐트러지는 야속함이여!

세월

시절이야 좋든 싫든
멈추지 않는 시간은 앞으로 가고
한 점 작은 희망이라도 쥐면
암울해도 만족하리라

어차피 가야 할 길인데
울며 보챈다고 멈출 수야 없잖은가
좋은 이와 마주하는 세월은
현실이 아니어도 사랑 하리라.

사랑에 빠지다

나는 늘 너를 좋아했어
당연히 혼자만의 짝사랑이었지만
이제는 눈치를 조금 챘나 보더라

눈 마주하고 마음 알아주면
우리 평생 함께하는 거야
살다 보면 지루해질 때도 있겠지만
결코 네 곁을 떠나고 싶지 않아

남들은 나를 보고
시인이라고 부르지만
너와 사랑에 빠져 헤어나지 못하는걸

온통 너의 편린이 밤낮으로 뒹굴어도
내 손끝에서 하나씩 다듬어 모아놓으면
아름답게 피어 향기를 뱉으니
영원한 동반자 나의 시여 사랑 한다.

보이지 않는 곳에서도 사랑하리

밤새 뒤척거리던 폭염
입추 말복 다 지났는데 아직도 요지부동
쓰르라미 귀뚜라미 목청 높여 소리쳐도
낮은 태양볕 멀어질 기미 안 보이네

한여름 물 한 바가지 등목으로 버티지만
처서가 낼모레 찬물 바가지 을씨년스러워
하늘 한 번 쳐다보고 어서 가라 손짓해도
꿈틀대는 용광로 더위 움직일 줄 모르는구나

나 한 몸이야 깡으로 버티지만
마음에 담고 있는 그대들이 걱정되오
몸 건강 마음 건강 간절히 바라는 마음
하늘에 두 손 모아 우러러 빌고 있소

구구 팔팔 우리의 소망은 오직 하나
가슴 뜨거운 정 이야기 마음이나 알아주오
오늘 밤 만리장성 못 쌓아도 괜찮으니
건강하게 웃어주는 그 모습만 보여 주소!

천 리 먼 길

뙤약볕 아래
갈 길은 아직도 멀기만 하고
임의 손짓 그려 봐도
가물가물 생각날 듯 말듯

마음은 벌써 홍엽
배시시 웃는 임 모습
가슴속에 스멀스멀 올라 온대도
좋아한다는 표현이 부끄러워 발개진다

노랑 빨강
그 모습 심중에 그려 놓고
천 리 먼 길이라도 달려가고 싶어
물끄러미 남쪽 하늘에 시선을 던진다.

산중 문답

네가 있으니
육신이 가난해도
나는 행복한 산이 되었다

늙은 몸 걱정 없이
초록에 묻힐 수 있으니
얼마나 큰 행복이더냐

많은 정을
주체할 수 없었나니
보이는 모든 산중 벗이 사랑이다

욕심 없이
초목에 묻혀서 안빈낙도
가진 것 없어도 웃을 수 있음이다.

마음에 담은 정

뜨겁게 일렁이던 여름 볕
속절없이 녹아내리는 고뇌는
더욱 단단해지기 위한 담금질일까
하늘이 조금은 높아지는 절기에
두 손 모아 감사의 기도를 하는 마음

쓰르라미 애처로운 외침은
오늘따라 왜 이렇게 가녀릴까
보랏빛 나팔꽃 위에 앉은 꿀벌도
바쁜 움직임으로 숨 막힐 듯
마지막 여름을 정리하는 소리가 정겹소

가만히 눈감고 누워
맴도는 그리움에 손짓해 보지만
눈뜨면 텅 빈 공간엔 쓸쓸한 허상뿐
척박한 가슴속에 그리움 고이 접어 놓고
당신의 향 닮은 커피 한 잔과
샌드위치 한 조각으로 정을 음미해요.

사람과 사람

지구인과 화성인
같은 땅에 살면서도 서로 다른 생각
같은 듯 아닌 듯 동경의 대상
떨어져서 보면 그립고
가까이에 있으면 기대고 싶은
그래서 사람은 또 사람을 만든다

꽃의 아리따움과
부드러움의 사랑을 연주하지만
핏줄 앞에 서면 무쇠처럼 강해지는 화성인
이성 양면으로 갈라놓은 조물주
그리하여 지구인은 화성인을 좋아하는가

지구인으로 살면서
화성인을 사랑하고 그리워하는
지극히 사랑에 욕심 많은 특별한 인간
꽃밭에 물을 주고 가꾸면
언젠가는 활짝 필 꽃 그대는 여자
지구인은 세상을 제패 하고
화성인은 지구인을 정복하였다.

마음에 담는 계절

조금은
높아진 하늘
자주 올려다보는 시선

마음속에 웃는
너를 잊지 못하고
나의 계절을 품고 안았다

그런 너를
항상 고마운 너를
내 어찌 생각지 않으랴

본능

우리 그냥 그렇게
마음에서 우러나는 대로
태초에 그런 느낌 순수 그대로
바람 부는 날 흔들리는 갈대처럼
그렇게 살 수 있으면 정말 좋겠네

갓난아이처럼
배고프면 울고 보채어도
손가락질하는 사람 신경 쓸것 없이
체면 따위 덮어 두고
그렇게 사랑하며 살면 좋겠어

철없는 이 마음 어쩌나
정이 많은 것도 아픔인 것을
사랑이 많은 것이 병이요 탈인 것을
물 흐르는 대로 바람 부는 대로
세상에 섞여 살아온 속절없는 세월아!

고요

너무 잘나도
너무 무식해도 안 돼

평범하게
세상에 스며들어
마음 맞추어 살면 최고

내가 너인 듯
네가 내 영혼에 흡수 되어도
이해하고 배려하는 금슬

원래부터 하나인 것처럼
물 항아리에 담겨있는 물처럼
소리 없이 바라보아주는 행복
사랑이 별것은 아니더라.

제5부 사랑 하나 담았네

가을 이슬
출렁이는 감성
자연스레 눈물 한 방울
인향(人香)
나의 가을
사랑 하나 담았네
사랑 꽃 열매 되었네
행복의 날개2
짝사랑
상상이라도 좋아
사랑 많이

욕망의 깊이
이루지 못할 꿈
문 여니 그대가 보인다
밀당
너는 아니라 해도 나는 좋다
추억 간직하기
아침 명상
상실의 계절
상사화
나에게 주는 말
유통기한

가을 이슬

비틀비틀 넘어선 중년
여름 볕에 익을대로 익어버린 고독
가을 단풍에 스며
석양 노을에 동화어 버렸나보다

만산 홍엽을 즐기다 보면
순식간에 사라져 잃어버린 청춘
함성 푸르름 모두 떠났어도
너만은 그 자리에 머물기를 원한다

진하게 뒹굴던 애정 행각
하얀 이슬 매달고 반짝이는 건 잠깐
흘러버린 시간이 아름다웠고
그 시간 끝에 대롱대롱 매달린 인생
외로운 잉여의 삶 어이 희석할꼬.

출렁이는 감성

어쩔 수 없는
그러나 참을 수밖에 없는
그리움은 언제나 가슴에 일렁일렁

보고 싶다는 말
참을 수 있는 것도
사치스러운 일상이 되었어

어쩌면
바쁘다는 핑계겠지만
가깝고도 먼 거리 이기지 못해
출렁대는 그리움만 쏟고 말았지

늙어가는 우리는
몸도 마음도 늙나 봐
뭐 하나 맘대로 하는 것이 없으니!

자연스레 눈물 한 방울

아가야 가자
복잡한 도시를 벗어나
자연과 하나 되어
나무 되고 산새 되고 고라니 되련다

삶과 죽음
타고난 운명대로 자연스레
한 끼 식사도 한 마디 대화도
지금 이대로 만들어가는 행복
좋은 당신과 함께라면 그만이리라

흰머리 구부정한 허리
힘 빠진 노구 지팡이에 의지해도
함께 생각 나눌 수만 있다면
더 이상을 바라는 것은 욕심이다

우리 같이 늙어 가자
주름진 얼굴에 미소 지으며
서로를 바라볼 수 있으면 참 좋겠네
나 죽는 날 곁에서 눈물 한 방울

인향(人香)

이슬 머금고
봉오리 만들 때도 예뻤어

활짝 피우니
향기마저 진동하네

아름다움에
그 어느 누가 빠지지 않으리.

나의 가을

소식 없는 여름 내내
너에 대한 그리움을 떨칠 수 없어
신열에 들뜬 날 몇 날 이던가

언제인가 올 것은 알지만
그리움에 서서히 지쳐 갈 무렵
내밀어준 너의 손을 덥석 잡았네

와주어 고마워
너의 빛깔 보랏빛 향기
오래 머물진 않겠지만 고맙고 사랑해

고운 네 모습
가슴 깊이 담아둘 거야
다시 재회할 때까지 또다시 기다림.

사랑 하나 담았네

자그마한 언덕배기
그 위에 잎새 무성한 단풍나무
풍성한 그늘에 쉬어 가던 곳
동네 사람들의 수다방 사랑방

땀 냄새 진동하는
뜨겁던 태양 손길에 달아올라
두 볼에 선홍색 붉은 물 들이고
갈바람에 적삼 끈을 살짝 풀었네

한가위 풍성한 사랑놀이
동산 위 보름달에 배시시 눈 맞춤
내 품에 쏙 안긴 사랑스러운 가을이여
잔소리하지 않을 테니 오래 머물다 가시게.

사랑 꽃 열매 되었네

엄마의 사랑 먹고
고운 것만 보고
예쁜 생각만 하면서 자란 사람
분신 가꾸기 삼십 년에
사랑 열매 맺었네

봄날 흐드러진 꽃처럼
여름날 풍성한 신록 정기 먹으며
열하지절(熱夏之節) 고난 이겨 좋은 날 잡아
고운 향기 사랑 열매 따러 간다네

행복 울타리 단단히 치고
풍성한 사랑의 물 정성 들이면
새로이 써 내려갈 인생 이야기
속삭이듯 마주하는 축복
정성으로 깔아놓은 비단길 밟고 가렴.

행복의 날개2

아주
작은 사랑하나
마음에 심어 놓아도 좋겠어

크지 않아도 좋아
그냥 사랑스러운 눈으로
바라보는 것으로 만족해야지

파도는 싫어
평화롭게 윤슬 반짝이는
그래 고독이라 해도 괜찮아

조각배 하나 띄워놓고
욕심 없는 마음으로
소박하게 낚아 올리는 사랑.

짝사랑

내 마음 알려나
눈 한번 마주치고 싶어
살짝살짝 눈치만 살피는데
그 사람 무심 한 듯 고개 한 번 안 돌리네

조급한 마음에 발만 동동
길지 않은 시간인데 왜 몰라 주나

온 듯 아닌 듯 다시 떠날 거면서
내 마음 한 번쯤은 알아줄 만도 한데
야속한 바람에 치맛자락만 휘날리네
언제나 내 구애받아 주려나
말 한마디 안 붙이고 떠나는 가을이여!

Unrequited Love

Will you know my heart
I just want to meet your gaze
I'm subtly watching
Yet you seem indifferent, not turning your head.

In my anxious heart my feet tap nervously
It's not a long time so why don't you notice

You come and go as if you're here
But surely you could understand my heart just once
The cruel wind only flutters your skirt
Oh, autumn when will you embrace me without a word!

상상이라도 좋아

그대
빈 옆자리에
내 마음으로 채워 놓을래요

보이지 않아도
항상 함께 하고 싶은 마음
너무 화려하지 않아도
소박하게 미소 지어요

차곡차곡 쌓여 가는
그리움 한 조각
물결에 일렁일 테니까요.

I like imagination

you
In the empty seat next to me
I want to fill my heart

Even if you can't see it
I always want to be with you
It doesn't have to be too flashy
Smile simply

Piling up little by little
A piece of longing
Because it will sway in the waves

사랑 많이

가난하면 어떠랴
조금 덜 쓰고 덜 먹고
배부르기보다는 조금 서운하게
날씬한 주머니라도 괜찮아

마음에 가득 담은 건
활짝 웃을 수 있는 사랑
우리 함께 똘똘 뭉친 정으로
빈 주머니를 대신 채우면 돼

욕심보다
가벼운 마음에 쌓는 행복
여백에 그려 넣는
아름다운 미소와 넉넉한 가슴

찡그리지 말자
따뜻한 표정으로 지긋이
조곤조곤 부드럽게
눈 마주치면 활짝 웃어주자.

욕망의 깊이

늘 같은 일상
집에서도 밖에서도
단조로운 일상에 지쳐버린 영육
이래서 사람들은 일탈을 꿈꾸나보다

가슴에 깊이 응어리진 욕망
어떤 방법으로도 깨버릴 수는 없는가
시간은 멈춤 없이 달리고
단풍 들어버린 청춘은 위태롭게 달랑거린다

소슬바람이 두렵다
헛기침만 해도 떨어져 내릴 것 같은데
수관이 끊겨버린 낙엽은
언제 떨어져도 이상하지 않다
그래도 인간의 욕망은 끝이 없다
그렇게 너를 사랑하고 싶다.

이루지 못할 꿈

행복은
질긴 고리를 만들고
서로 그 끝을 붙잡고 함께 가는 것

삶이 다 그러하듯
한 번쯤은 덜그럭거리겠지만
그도 견뎌 내야 하는 인생길

곱게 만들어 놓은
꽃길이 아니어도 괜찮아
거친 길도 알아 놓아야 하니까

너를 품에 안고
잠들 수 있는 꿈이라도
지칠 새 없이 꿀 수 있으면 좋겠어.

문 여니 그대가 보인다

더는 아프지 않게
행복의 문을 살며시 열면
반짝이는 그대 눈동자에
웃음꽃이 향기롭게 진동한다

시간이 흐를수록
조금씩 열리는 마음의 문
서로를 알아가는 기쁨은
가슴 깊이 스며드는 일상이 되었다

우리 손 잡고
함께 걸어가는 길
고운 사연으로 차곡차곡 수 놓으며
희망의 꽃을 피워내자

어둠 속에서도 빛나는
서로의 존재가 되어
우리 이야기가
영원히 이어질 수 있도록.

밀당

가을이
자꾸만 멀어져 간다

아직 고백도 못 했는데
벌써 돌아서는 중이다

언제 마음 전할지
눈치만 보고 있는 중

조금만 더 천천히 가라
조급한 마음 멍들기 전에.

너는 아니라 해도 나는 좋다

누가 뭐라 해도
내 가슴에 불을 지필 수 있다면
나는 또다시 불사른 청춘에
새로운 분홍색 옷을 입힌다

멀찌감치에서 바라보는
봄볕 같은 시선이면 된다

가까이 오지 않는다 해도
나름대로 다 퍼 붓는 최선의 열정
그것 하나로 부족하다 해도
나는 그렇게 그 길을 걷는다

비록 짧은 가을처럼
지나간 청춘 부질없지만
마음 안에서 일렁이는
나 혼자만의 짝사랑이라도 괜찮다.

추억 간직하기

소슬바람에
위태롭게 매달린 단풍잎 하나
빙그르르 허공을 가르고
땅 위에 내려앉는다

한 세월 풍미했음에
욕심 내려놓고 낮은 곳으로
내일을 준비하는 시간
희망의 꿈은 무럭무럭 자라겠지

소중한 추억 하나 가득
가슴에 차곡차곡 쌓아 놓은 것은
외로울 때 꺼내 보는 그리움
오늘도 너를 가슴에 담아 두련다.

아침 명상

바람 소리에 귀 기울여봐
너무 힘들어할 것도 없어
삶은 다 그렇고 그런 것
아등바등 보낸 청춘이 아까와

물소리에 마음 줘봐
사랑 하는 이의 노래처럼
마음속에 고운 향기로 들어와
만져주는 손길이 행복해

스스로에게 손 내밀어
사랑은 큰 것이 아니라고
소소한 일에 웃을 수 있는 사람
힘들 때 손 내미는 사람이 최고야

상실의 계절

느껴보지 못하던 감정
가을이 머물던 자리에는
마른 바람만 뒹굴고 있다

좋은 날보다는
힘든 날이 많았어도
포만감 가득한 느낌이었는데
잠시 비운 계절이 휑하기만 하다

늙어감에
기댈 것은 넉넉지 않아도
가끔은 참견하는 것이 행복이라고
가을이 떠난 후에야 보인다

계절은 틀림없이 다시 올 텐데
찬바람만 넘나드는 가슴은 공허해진다
오늘은 한잔 하고 싶은 유혹의 애증.

상사화

긴긴 여름 볕에 달구어
빨갛게 익어버린 꽃망울
뉘엿뉘엿 해거름 방긋거릴 때
잎새보다 먼저 시들어 버렸네

깊은 산중 호화로운 입술로
기다리는 임 소식은 가물가물
꼭 한 번이라도 오신다더니
기다리는 마음 잊었는지

그래도 사랑 해야지
기다리다 지쳐 상사화로 피어도
오로지 일편단심 마음 담아
가녀린 희망이라도 좋으니 기다리자.

나에게 주는 말

사랑을 너무 거창하게 생각 말고
너무 큰 기대치보다
마음속에 따스함으로 만질 수 있으면
그래서 행복하게 웃을 수 있으면 돼

힘들게 살 거 없어
속에 담아 놓고 끙끙 앓을 것 없어
인생을 너무 까다롭게 만들지 마
마음 가는 곳에 짐 풀어 놓고
얼마만큼 살아보는 거지

스스로 행복하면 되는 거야
누구 눈치 볼 거 없이
스스로를 토닥이는 것도 필요해
내 곁에 따뜻한 너만 있으면 돼!

Words to Myself

Don't think of love too grandly
Rather than too high expectations
If you can touch it with warmth in your heart
If you can smile happily, that's enough

No need to live so hard
No need to suffer holding it inside
Don't make life too complicated
Unpack your bags where your heart leads
And try living for a while

Being happy on your own is enough
No need to mind others
Sometimes you need to pat yourself
Having just warm you by my side is enough!

유통기한

여름 볕에 진하게 태운 신록
추성(秋聲)에 길어진 그림자 애처로워
쓰르라미 구성진 노랫가락 장단에
내일은 단풍이 곱게 차려입을 것이라고
환하게 웃어주던 열세 번째 절기

두근대는 가슴엔 벌써 가을
만산홍엽 물들기 전에 단풍노래 불렀는데
빠른 세월 짧은 시간은 어느덧 강 건넜네
인생이 길다한들 지난 청춘은 잠깐이요
두어 번 얼싸안고 사랑놀이 보냈다만
어느새 낙엽 지고 찬 바람 부는구나

예쁜 잎새 주워 책갈피에 끼워 넣고
하얀 겨울 찬 서리 북풍한설 몰아칠 때
사랑하는 임의 마음 사연 적어 주렸더니
마른 바람에 벌써 바스락 소리를 내는구나
유통기한 남았을 땐 고운 노래 부르더니
메말라서 그러더냐 서러워서 그런 거냐
항아리 깨는 소리 듣는 사람 서운하더라.

제6부 짝사랑의 달인

사랑 이야기	진심
사람아 내 사람아	날마다 오늘
미쳐간다	고운 시선으로
짝사랑의 달인	인생 다 그런 거지
인생 고개 너머	사랑 한 모금
첫눈	보고 싶다고 말하면
비현실	내 꽃
소소한 행복	묵은지처럼
징검다리	소중한 인연
꿈	그리운 친구야(캐빈 추억을 하며)
그래도 사랑 해야지	그리운 사람
먼발치	친구야

사랑 이야기

눈에 보이지 않아도
내 마음속에는 당신이 숨 쉬오
모습이 보이지 않아도 난 사랑 하오

보잘것없는 시인이지만
인간의 파란 시간은 다 지나갔지만
마음속에 넘치는 뜨거운 정열은
예나 지금이나 변함이 없으니
늙어 주착이라 해도 좋을것이요

생각에는 한계를 두지 않소
나만을 사랑해 주는 당신을 상상하오
지긋이 바라볼 수 있는 내 연인이 되어 주오
늘 행복하게 웃음 주는 그대이니까

사람아 내 사람아

한잔 술에
시름 달래야겠네

거친 세상 휘청이던 삶은
어느새 머리에 서리 내리고
빈주머니에는 바람만 맴도네

사랑하는 사람아
내 손좀 뜨겁게 잡아 주소
솔바람에도 무너질것 같으니!

미쳐간다

내가 사랑 하는 것들 숲속의 초목과 오솔길
여름을 마무리하면서 노래하는 쓰르라미
하늘 바람 햇살 그리고 나를 지탱하게 하는 인연들
인생이 잘 풀리든 힘들게 엉키던
힘에 겨워 비틀 대도 수많은 사연을 만들며 살아왔다

시곗바늘처럼 쉼 없이 째깍대며 달리고 또 달리고
시공을 넘나들다 보니
남루해진 시침은 초침을 쫓아가지 못했고
분침은 빨리 안 따라온다고 재촉하기만 한다
어느새 늙어버린 세월은 머리에 서릿발을 이고 있다

초라하게 흩어지는 낙엽은 찬 바람에 뒹굴다
흙으로 돌아가 따뜻해진 봄날이면 싹이라도 틔울 텐데
머리 검은 짐승은 일백 년도 못 버티고 스러지지만
미쳐가는 세상을 따라잡을 수는 없을 것이다
내가 사랑 하는 것들도 같이 미치고 있나 보다
그래도 지금까지 버틴 공을 봐서라도 힘내보자, 사랑아!

짝사랑의 달인

내가 좋아하는 것은
항상 나 혼자만의 사랑으로 끝이다

사랑은 육체적인 것뿐만 아니라
마음의 교감도 중요한 것이니
혼자만의 외사랑이라도
나만 좋으면 그만 아닌가

괜찮다
짝사랑이면 어떠랴
내 마음에 품은 알량한 정
아낌없이 퍼주다 보면 늙어 힘 빠지겠지

걸어온 인생길 돌아보니
왜 이렇게 헝클어진 것인지
짝사랑하다 보면 깨달음이 있으려나
너는 영원한 나만의 뮤즈*로 남아 다오.

*뮤즈(Muse) : 고대 그리스·로마 신화에서 시, 음악 및
다른 예술 분야를 관장하는 아홉 여신들 중의 하나

인생 고개 너머

쉬지 않고 왔다
앞뒤 볼 여유도 없이 달렸다
그래도 시인의 주머니는 가볍다

가난해도 마음은 부자
이제는 늙은 세월이 반기는데
인간이 어떻게 해볼 수 없는 시간이지만
천천히 천천히 하늘에 오를 꿈이나 꾸자

아직은 사랑도 인생도 진행형
조금만 더 멋진 사랑의 빛깔 만들어
향기롭게 삶의 발자국마다 물들이자.

첫눈

어제만 해도
부슬부슬 가을비에 젖어 있었어

아주 잠깐 눈 감았다 떴는데
세상이 온통 설국으로 변했네
이렇게 첫눈이 내리면 하던 약속
그 시계탑은 어디로 가버렸나

하얗게 바래버린 세월 속에
친구와의 약속도 늙어 버렸나 봐
가물거리는 기억을 되짚으며
시계탑을 찾으려 해도 사라진 시계탑

오늘은 그냥 혼자서
텅 빈 거리를 걸어야겠어
옆구리에 찬바람이 넘실거린다 해도.

비현실

소중한 담소
우리의 만남은
꿈에서나 보려나

서로의 이야기 속에
덕담만 나누다 보니
때로는 현생에 배우자로
곁에서 볼 수 있기를 꿈꿔

밤부터 아침까지 목소리도 듣고 싶고
생글생글 웃어주는 눈빛도 그리워
그리워만 해야 하는 것이 운명인 것을.

소소한 행복

맑음
잔뜩 찌푸렸던 하늘이
활짝 웃어준다

까마득한 세월 전에
엄니 배아파 사내아이 품던 날
사(巳)시에 햇볕 받고 일성 터트렸다네

평범한 날에 다시 한번 엄니 생각
두보(杜甫)님 곡강2수(曲江二首)
인생칠십고래희(人生七十古來稀)
선인은 모두 갔는데 나는 아직도 남아있네

사랑 품어 달려 온 길
70리 긴 세월 달리다 넘어지기도 수십번
흙수저 거친 풍파 모두 이기고 온 길
몸 하나 바쳐 잘 살았다 할 수 있으면 그만이지.

징검다리

파도 소리 황량하고
임의 소리도 가물가물 아련한데
어찌 노을은 이다지도 고운가

행복도 외로움도
모두 자신의 마음 안에서 만드는 일
중년의 꽃은 아직 시들지 않았으니
무에 걱정 사서 하는가

세월은 무겁지 아니하고
시간은 유한하니
내 기운과 사랑빛 남았을 적에
심장 한 번 더 데워보세

사랑 건널 징검다리
멀리 있지 않으니
오늘은 소소한 행복 하나 만들면 어떠 하리.

꿈

쉬지 않은 시간 주름진 세월
아무 일 없이 지나버린 일 년을 행복하다고 할 수 있을까
머리에 내려앉은 하얀 서릿발이 야속하게 늘어만 가니
바쁜 마음에 널브러진 허무가 멀미한다

열심히 살아온 날은 발 아래 노을 속으로 기어 들고
내일은 또 어떤 희망을 맞이할 수 있으려나
한 치 앞을 모르는 인생 여정이 꿈이라면 좋겠다
서 있는 이 자리에 부는 바람
태풍만 아니라면 청춘을 다시 찾을수 있으려나
사랑하는 인연들 토닥토닥 웃어만 준다면
갈대 같은 것이 마음이라 해도 다시 정 붙일 수 있을 텐데

함께 가는 인연의 발걸음이 가볍고 경쾌할 수 없나
내일은 조금 더 진한 정으로 세상을 채색 하며
혼자 늙어가는 것이 아니라 함께였노라고 웃고 싶다
원 없이 사랑하고 가고 싶은 길 비틀비틀 걷기도 했지만
허무의 그림자는 결코 내 곁을 떠나지 않고 있었다.

그래도 사랑 해야지

그대가 있어
노을 지는 창가에 서도
나는 외롭지 않아

시간이 영육을 갉아먹고
자꾸만 녹슬어가는 육신이라도
그대가 있으니 정말 행복해

고마운 동반자
가슴 뜨겁게 각인 하여
지워지지 않게 기억해야지

이 다리만 건너면
꽃향기 가득한 정원에
설움과 고통없이 웃을 수 있으련만!

먼발치

너를 보며
말없이 웃어 줄 뿐
살가운 표현은
목구멍 아래에 눌러 놓았어

꼭 말해야 아는가
눈빛만으로도 알아채야지
진정한 사랑이 익어가면
아무리 멀리 있어도 당신 참 곱더라.

진심

움직일 때마다
뼈마디에 스며든 세월
나이 들어감에
아이고 소리가 저절로 나온다

언제부턴가
입에서 들리는 탄식
가늘게 새어 나와도
침묵하고 있지만 어이 모르랴

사랑하는 사람은
항상 곱고 아름답다
쭈글쭈글한 얼굴도 예뻐 보인다
주름 사이로 피어나는 진심.

날마다 오늘

일 년이
바람속으로 들어간다

엊그제 설 인사 했는데
캐럴이 거리에 넘쳐나니
얼굴에 만들어진 굴곡

억세게 바쁜 일상
곧 이루어지리라는 기대
그러나 돌아보면 다시 그 자리

땅거미 질 무렵이라지만
버리지 못 한 희망
죽을 때까지 놓지 못하는 욕망.

고운 시선으로

선 한 마음
사소한 일에도 마음 주는
비단결처럼 고운 심성

자연의 섭리는
내일을 예쁘게 다듬는 작업
한 방울 눈물은 영양분

꽃잎 떨어져야
씨앗이 만들어지고
내일 사랑도 익어가는 것

입에서 나오는 언어는
모두 시처럼 아름답게
긍정으로 예쁜 사랑을 해요.!

인생 다 그런 거지

영육이 녹아내릴 것처럼
달콤한 시간의 이야기가 영원할 것처럼
꽃향기에 취하여 헤어나질 못하던 어느 날
너를 위해서라면 심장도 꺼내 주겠다고
호기 있게 다짐했지

사랑은 다 그런 거라고 누가 그러더라
시간이 지나고 녹슬어가는 감성 무뎌질 때쯤
달달하던 그날의 정담은 추억 속에 있을 테지만
늙은 영육은 병들어가고
고난에 찌든 삶에서는 향기를 꺼내기 쉽지 않아

나이 들면 정으로 산다던데
몸뚱아리에는 깊게 주름이 패었어도
철없는 마음은 언제나 덜 익은 풋사과 같아
철들면 죽는다는 말 나를 두고 한 것인가 보네
식어가는 몸이라도 어찌 정은 식을 줄 모르나.

사랑 한 모금

늘 바쁘다는 말 입에 달고 살아도
가끔은 나도 너와 사랑에 빠지고 싶어
구수한 커피와 뜨거운 정으로
졸졸졸 내려오는 향기는 사랑이었어
한가하지는 못해도
너를 생각하며 홀짝홀짝 마시는 사랑
방안 가득히 퍼지는 정에 두근두근

행복 가득 입에 머금고
너의 생각에 한 바퀴 휘휘 도는 생각 중
나는 좋은 사람일까 나쁜 놈일까
길지 않은 삶이니 활짝 웃어야겠어
어쩌다 한 번쯤은 나쁜 놈도 되어 보지
사람들은 다 좋다고 하는데
나는 내가 무엇이 좋은 것인지 모르겠어
그래서 또 사랑 한 모금 홀짝

내 삶처럼 씁쓸한 커피 한잔에
너의 사랑을 가미하여
달콤한 인생을 만들어 마신다
모두 너의 덕분이니 고맙다는 생각
고요한 방 안 가득 채우는 너의 향기에
다시 또 감사한 마음으로!

보고 싶다고 말하면

널 생각 속에 두고
계속 그리움을 사각사각 좋는다*

그렇다 아니라는 말은 없지만
마음속에 살며시 불타오르는
어느 시간의 꼭짓점에 일렁이는 얼굴
그러지 말아야지 하면서도
놓을 수 없는 삶의 미련 앞에
생각은 홀로 변방의 찬 서리 맞고 있는 그믐달

굳이 이름을 부르지 않아도
날마다 너는 내 마음속으로 달려와
활짝 웃으며 포옹하는데
늙어가는 세월에 맥을 못 추는 그리움
조용히 너만 생각해야 하겠기에
한 수 시어 속에 너를 감춘다

오늘 밤에는 너와 함께
흐드러진 라일락꽃 숲을 걷고 싶다
너의 미소에서는
은은한 라일락 향이 배어 있으니까

*좋는다 : 찧는다의 강원도 방언

내 꽃

참 예쁘다
그저 바라만 봐도
맛난 향기 쑥쑥 퍼져 나오고
두근대는 심장은 튀어나오려 한다

활짝 핀 꽃잎에
코를 가까이 들이밀고
떨어질 줄 모르니 이것이 꽃향기다

세월이 더 가기 전에
한 살씩 더 먹는 것은 아쉬움이라
싱그런 꽃물이 벌의 입을 통하여 흐르는데
나는 어찌 늙어 가노라니 힘이 빠지는고.

묵은지처럼

돌아돌아 이렇게 지난 세월
우리는 지금껏 뭐하며 살았는지 모르겠네만
하루 이틀 한 달 두 달 손가락 헤다 보니 어느새 중년
내 곁에 남은 친구 몇이나 되는지
뒤돌아본 길 위에는 상념만 뚝뚝

가볍게 만나 한잔 술에 시끌벅적
홍야홍야 비틀대던 그때 그 친구들은 어디에 있을까
술타령에 세월 잡던 시절에 너는 내 친구
거친 벌판 건너와 휘휘 곁을 둘러보니
남은 친구 손가락도 채우지 못하는 우정이었어

묵은지처럼
좋은 일 궂은일 함께 겪어낸
곰삭은 자네가 진정한 친구일세
어쩌다 잠깐씩 소식 끊길 때도 있었지만
머리 위 서리 내려도 그 자리 지켜주는 소중한 사람
자네들이 있으니 세상 살이 어찌 외롭다고 하겠는가.

소중한 인연

팔십억 지구 인구 중에
우리가 인연이 될 수 있는 것을
얼마나 다행이고 행복인지
어제도 오늘도 그리고 내일도
내 가슴에 늘 생각하는 당신이 있어
감사한 일입니다

살면서
조금 아프고 언짢아도
우리의 소중한 인연이니까
당신이 있어 고맙고 행복한 마음으로
매일 감사하며 살고 싶습니다

우리 삶에 조금 빈틈이 있으면 어때요
서로 이해하고 배려하면
다시 챙기고 다독이는 예쁜 감성으로
내 운명적인 우리의 인연에
사랑 플러스시킵니다.

그리운 친구야(캐빈 추억을 하며)

먼 길을 떠나버린 내 친구
잊어야지 하면서도
가슴 먹먹해지는 친구야
밝게 웃던 너의 모습
지금도 웃으며 달려 올 것 같은데
이제는 지나간 추억 속에 있구나

멀리에 있더라도 생각나
그리움만 차곡차곡
마음 깊은 곳에서 올라와
울컥울컥 뜨거워라
지금도 웃으며 달려 올 것 같은데
이제는 지나간 추억 속에 있구나

그리운 사람

이제는
하늘의 별이 되어
보고 싶어도 목소리 듣고 싶어도
아무런 대답이 없는 사람아

왜 그렇게 바쁜 걸음으로 가셨는가
잊어야 한다면서도
그럴수록 가슴에 더욱 또렷하게 웃는 모습
속실에서의 자네 천진난만한 그날이
너무 그립고 보고 싶어

우리 약속은 속절없이 떠났고
자네는 추운 산속에 웅크리고 있고
나는 따뜻한 방에서 추억을 되새기는데
주책없는 눈물이 멈추질 않는다네

나 이러면 안 되는데
자네 몫까지 살아 내려면
무척 바쁘게 움직여야 하는데
자네 생각에 무기력해져
눈앞에 자욱한 안개속에 자네 모습뿐!

친구야

나한테 한 마디만 해줘
우리 약속 잊은 것 아니잖아
1월 눈 내리는 날
함께 한라산도 오르고
먹지 못하는 술이라도 한잔씩 해야지

딱 한 마디만 해주라
나는 자네를 좋아하고
자네도 나를 좋아하잖아
조금만 더 이야기 하자
우리의 속실 추억을 꺼내봐야지

하지만 대답이 없네
내가 싫어진것은 아니지
그럼 안 되는 거야

사랑하는 내 친구야
이왕 떠나는 거 편안히 영면 하시고
내가 가거든 반갑게 맞이 해 주소
고맙고 사랑하는 내 친구야.

그날의 행복 상상

발행인 / 이재천
지은이 / 이재천
주　필 / 정영란
발행출판사 / 도서출판 청일
발행일 / 2024년 12월 27일
출판등록 / 251002021000015
주소 / 강원도 횡성군 청일면 속실길 383-11
전화 / 010-5678-9211
홈페이지 / http://www.spoem.kr
전자우편 / spoem@hanmail.net
ISBN / 979-11-92232-13-3(03810)

이 책의 판권은 도서출판 청일에 있습니다.
도서출판 청일의 허락 없이는 어떠한 형태로도
이 책의 전부, 또는 일부를 이용할 수 없습니다.
잘못된 책은 바꾸어 드립니다.